JN409938

안나의 방

김권 시집

안나의 방

초판인쇄 2019년 12월 13일
초판발행 2019년 12월 20일

지은이_ 김권
발행인_ 이현자
발행처_ 도서출판 현자

등　록_ 제 2-1884호 (1994.12.26)
주　소_ (우)04550 서울시 중구 수표로 50-1(을지로3가, 4층)
전　화_ (02) 2278-4239
팩　스_ (02) 2278-4286
E-mail_001hyunja@hanmail.net

값 11,000원

ISBN 978-89-94820-55-2　03810

이 도서의 국립중앙도서관 출판예정도서목록(CIP)은 서지정보유통지원시스템 홈페이지(http://seoji.nl.go.kr)와 국가자료종합목록 구축시스템(http://kolis-net.nl.go.kr)에서 이용하실 수 있습니다.(CIP제어번호 : CIP2019050712)

안나의 방

김 권 시집

도서출판 현자

시인의 말

나는
예민하고 까칠한 것 뿐이었다

어느 날 시가 찾아왔다

나는 그를 그냥 보내지 못하고
같이 가기로 했다

여기저기 시가 있어서 좋았다

틈틈이 쓴 것들을
한 곳에 모아 보았다

2019년 겨울에

차례

* 시인의 말 …5

* 작품 해설 / 김신영 …102

1부

지나가는 비 …13

흑석동 …14

북쪽에 살아요 …15

검은 우체국 …16

꿈 …17

블랙 …18

세탁기는 돌아가고 …20

응급실 …22

하늘공방 …24

소음을 들고 …26

미스 …27

거울 …28

대설주의보 …29

12월 …30

그 집 …32

2부

빛 …35
여름병동 …36
새를 보내고 …38
블랙타임 …39
저녁 스케치 …40
별 …42
안나푸르나 …43
나비 …44
겨울 일기 …46
세공사 김 씨 …47
나를 지운다 …48
지하철 1호선 …49
토요일의 비 …50
안개가 따라와 …51
어제 …52

차례

3부

졸업 …55

여름 여행 …56

덧니, 거울에 대고 …58

종합병원 …60

안개주의보 …61

블랙커피 …62

불면 …64

토요일 공원 …66

겨울 꿈 …68

볕 드는 집 …70

빛 …71

시외버스터미널 …72

어제를 읽는다 …74

산울음 …75

때로는 꽃도 아파요 …76

4부

별나라 …79

가끔 그래 …80

멸치 …82

팥죽 …84

낙엽 …85

달과 별은 엄마랑 노래 부르고 …86

안나의 방 …87

날씨 …88

내일은 푸른 하늘 …90

심야버스 …91

겨울 봄 사이 …92

불자동차 …93

운동장 …94

블랙블랙 …96

파랑주의보 …98

유리 물고기 …100

1부

지나가는 비

이 도시에서 우리 오래 살자 여기는 비가 많이 내리고 비가 눈으로 변하지 않으니까 비둘기들이 불러주는 비의 노래에 노숙이 젖지 않으니까 자장가처럼 들려올 거야 그래 우리 이 도시에서 커플링을 만들자 하얗게 동그랗게

가끔 피아노와 바이올린이 할퀴고 때리는 소리가 악기상가를 탈출하지 세공공장 밀집지역에서 비를 피하자 누군가 옆에서 말하지 지나가는 비라고 비는 비둘기들의 박수처럼 흩어지고 그래 오늘 비 내린 이 밤이 우리는 좋을 거야

흑석동

오래전에 살던 집으로 간다 밤안개에 젖어
슈퍼마켓이 여기쯤 있었던 것 같은데 집으로 가던 골목이
사라졌다

강을 사이에 두고 세 번의 겨울과 여름이 밤마다 싸웠다

아이들이 생긴 지하 단칸방,
아이들 목소리가 여기 어딘가에 남아 있을 것 같은데

어둠에 취한 강물이 소리 없이 다가와 언덕에 서성이곤 했다

아이들이 잠결에 키를 늘리고
늘어난 살림살이들이 방을 탈출하곤 했다

그래 여기를 떠나야 했어

아이들의 목소리가 그리운 날은 안개를 따라
흑석동으로 간다

북쪽에 살아요

북쪽 끝에서 저녁이 몰려온다 동은 갑자기 솟아 오르지 그는 바다에 가고 싶다고 몇 달을 누워서 시력을 잃고 우리는 곁에서 하얗게 일어나는 근심을 털어 내거나 굳은 각질을 벗겨내고 그가 북쪽을 떠나 그의 나라로 가자 그의 금빛 만년필도 빛을 잃고 마지막까지 그를 지켜준 하얀 시계의 남은 시간을 그의 집으로 보냈지 북쪽의 산들은 반만년쯤 끌어안거나 손끝에서 아득히 우러르거나 산들이 음악 소리를 내고 북쪽에 사는 사람들은 가방에 현악기 하나쯤 가지고 다니는 것 같다 여름이 사라졌는데도 여기는 밤이면 검은 공기들이 몰려와 꿈이 까맣다 저녁과 아침 사이 길고 어두운 밤을 견딘 북쪽의 산들이 신음을 내곤 했다 해가 길어지고 첫 버스에 숨겼던 지난 겨울 구겨진 어둠이 깨어나고 아침 빛이 젖은 밤을 말리고 있다

검은 우체국

저녁과 아침에 우체국 앞을 지난다 이야기들이 문장이 되어 잠든다 날마다 빛에 깨지는 유리창만큼 얇은 우표를 붙이고 돌아와 편지가 돌아오기를 기다린다 커튼이 내려진 검은 우체국에 잠든 나날들

남쪽을 바라보며 산다 봄바람이 북으로 불어온다 남쪽의 바람은 오래전에 잠든 안나를 냄새나게 하고 불빛으로 야산에 사그라지게 하고

나는 북쪽에 산다
안나의 긴 팔다리와 하얀 얼굴이 아직 사라지지 않고 땀 냄새를 풍겨주었으면

동그랗게 몸을 누이고 나는 몇 날 며칠 오지 않는 안나의 편지를 기다린다

아침저녁 유리가 검은 우체국을 지나간다

꿈

밤이 사라지기 시작했습니다 메일을 보내고 돌아오는 밤 어느 행성에서 새어 나온 소음이 노래가 되어 밤은 잠들지 못했습니다 달빛과 별빛 사이에서 서성이다 잠든 밤에는 악몽이라도 찾아왔으면 좋겠습니다 밤과 새벽노을 사이에 별 하나가 위태롭게 빛나고 있었습니다 꿈이 별이 될 수 있다면 좋겠습니다 셔터 막이 찢어진 카메라처럼 흐릿한 달빛과 별빛 사이에서 얇은 옷들이 가장 어두운 밤을 지키고 있었습니다 눈을 꼭 감은 밤이 일그러진 얼굴로 뒤척이곤 했습니다 사람들이 비밀번호를 누르고 몇 개의 문을 지나는 아침이었습니다 꿈속에서 나는 날이 저물도록 결혼을 하지 못하고 나의 안나를 찾아다녔습니다 아무도 나의 잠을 깨우지 않았습니다 나는 날마다 빛 속으로 사라진 나의 안나를 찾아 길을 떠나야 했습니다

블랙

밤에는 눈을 잃는다 차 소리를 따라 큰 도로에 나가서 돌아오곤 한다
달이 숨은 밤에 어둠을 틈타고

일을 잃은 손에서 모터 소음이 새어 나온다 먼지들은 잠들지 못하고 사나워진 도로를 떠다니고

어둠이 얕은 밤에는 잠이 오지 않았다 안나를 따라 밤을 보러 나갔다 등이 곱은 안나의 손목에 강아지처럼 매달렸다

꿈이었다 다시 모터를 돌릴 수 있을까

흐린 날은 몸속 떠도는 통증이 잘 보인다 몸속 어둠을 떼어내면 안나의 몫까지 살 수 있을까 다시 모터를 돌릴 수 있을까

비가 내린 지 오래된 것 같다 눈물이 흐르지 않는다 옆으로 누운 밤 몸속 어둠의 신음을 듣는다

세탁기는 돌아가고

베란다에서 훌라후프를 돌리는 밤이다 여자들이
세탁기를 따라 돌린다
발이 편안하다 손에 아무것도 쥐어지지 않는다

펜을 어디에 두었는지 검정이 든 눈이 TV를 떼지 못한다
늦은 시간에 노래를 부르지 말라는 사람
세탁기를 돌리지 말라는 사람 모두 사라진

낮에는 아무도 집에 없으니까
동네 강아지들이 짖어댈 거야
집은 공동주택이니까

박스를 든 택배가 초인종을 길게 누르고 내 이름을 부를 거야 햇빛이 왔다가 지나가니까

잘 말라가는 속옷을 바라본다 밤에
안주머니에서 뚜껑을 잃은 펜이 생각났다
내일은 세탁소로 보내야 할지도 몰라 나를

응급실

붕대가 머리와 다리를 기어다닌다
발에 신경이 돌아오고 통증이 시작되고

오토바이를 달렸다 누군가 119에 전화를 하고 구급차
소리를 들은 것 같다

천사들이 깨진 뼈조각을 붙인다
다리를 끌고 커피를 마시러 간다

"커피는 마시면 안 됩니다."
누군가 옆에서 말한다 새벽에

구급차가 들어오고 멎었던 남자의 심장이 벽시계처럼
움직이기 시작한다 물과 공기가 새어 나오는 소리에
깨어나 가려운 붕대 속을 더듬는다

조각난 뼈들이 잠들어 있다
풀어진 붕대들이 어디론가 사라지고 여기는

밤사이 비가 내린 것 같다 차가워진 심장을 손으로 녹
인다 누군가의 전화가 버려진 옷 속에서 울리고
집의 비밀번호가 떠오르지 않는다

하늘공방

옥상에 숨겨둔 말을 해줄까

속병을 앓는 물탱크도 빛을 잃은 광고탑도 아직 낮인데 잠들어 있어

카톡이 모여들고 연필로 그린 말이 사라지려고 하지 지우개로 지우는 여기는 펜으로 새기고 천 개의 하늘이 흐르지 보이지 않게 비가 지나가고

철없이 나는 가끔 기러기처럼 떨어지는 상상을 해 나를 내려다 보곤 하지
흩어진 나를 찾을 수 있을까

잠깐, 옥상으로 오세요
소리 없이 소문이 자라나고 있어요
깨어나지 못하는 옥상은 어두워지기 전에 가두어야 해요 낮잠에서

공방이 사라지고
유리조각 몇 개 나뒹구는 빛투성이야 여기는
이미 고소공포가 시작되었어

소음을 들고

블랙커피숍은 감정이 상하고 있다
말과 웃음이 섞여 음악이 되고 소음이 되어 떠다니고
약속은 오지 않는다

작아지는 귀를 유리창에 비치곤 하지
나를 탈출하려고 해 입에서 맴도는 말들이

음악이 오전처럼 지나가고
오후가 오지 않는다

한 손에 소음을 들고
귀에 노래를 끼고
약속은 언제나 오후에 온다

미스

영등포에서 놀았다 청바지에 화장을 하고 말로 길들여지지 않는 여자 셋이 팔목에 점 셋을 새기고 롯데와 해태 사이에 꽃비가 내렸다 껌공장 굴뚝이 남산을 지우고 영등포에 나비로 접은 편지를 날렸다 꿈은 벌들이 별로 뜬 스무 살이었다 껌을 벽에 붙이고 잠든 동안 너는 나를 돌아다녔지

원숭이들이 말을 탄다 헬멧을 쓰고 날아가는 말이 사람으로 변하는 순간, 놓으면 위험해! 놀라 깨어나는 새벽과 아침 사이, 꿈에 놀던 공장지대를 빠져나온다 잠에 취한 옷이 앉은뱅이저울을 오르내린다

거울

햇살을 거울 속으로 몰아가곤 했다 바람처럼 발을 구르며 거울 앞을 서성이는 햇살에게 길을 가리켜 주었다 길에서 노래 부르는 떠돌이 햇살과 바람

거울에 늑대가 나타나면 소리를 질러야 해!

아침에 저녁에 거울에 나를 가둔다 거울 속에 늑대가 보이고 나는 날카로와진 눈빛으로 늑대의 말을 배운다 밤사이 굵은 늑대가 달려들고 거울 속을 도망치려고 발버둥 친다 거울 속 사냥꾼이 늑대의 심장을 겨누고

가끔 총성이 거울 밖으로 튕겨 나오곤 한다

대설주의보

라디오 속에서 놀던 아이들은 노령산맥이 되고
장군이 되고

대나무 숲이 눈을 털고 일어나
호통을 치곤했다 할아버지처럼

호남 서해안 산간에 대설주의보가 내린다
노령산맥이 되지 못하고
장군이 되지 못한 우리는

키를 낮출 대로 낮춘 지붕마다 내리는
폭설이 되었다

12월

언니는 색종이로 12월을 접어요
여기는 공기가 약하고
높이 눈이 쌓이고

여기저기 눈꽃축제가 열려요
종종 취한 사람이
앉아 있어요 거리에
여기는 눈의 나라니까요

가끔
언니가 접은 12월을 팔러 내려가곤 해요
12월은 눈이 없는 사람들이
좋아하니까요

여기에 빨강은 없어요
빨강은 거짓말이니까요

언니를 위해
12월을 팔고 5월을 샀어요
5월은 울긋불긋 이니까요

그 집

마당에 햇살이 들어와 어른들을 찾고 아이들 이름을 부르곤 했습니다

온종일 보슬비가 내리는 날, 그 집 할머니가 분신 같은 자작나무 지팡이를 내려놓았습니다

멍석이 깔리고 상여소리에 검은 기와지붕도 종일 울었습니다

여름 긴 비가 그치고 하늘 높은 날, 어미와 아비 그리고 들꽃 같은 아이들 웃음소리가 씨받이 장닭 홰소리에 섞여 들리곤 했습니다

안개처럼 그 집 앞을 지나던 아이들은 쑥쑥 커서 공장으로 가고
빈 집을 햇살이 기웃거리고 있습니다

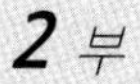

빛

해가 지나가는 쪽으로
나무들은 조금씩 기울어져 산다
사람들 마음도 따라 기운다

나무들이 엷은 손으로
아침저녁 옷을 갈아입는다
우리는 종종 흐릿한 창으로
나목의 수화를 엿본다

모든 유리창은 오후 4시에
빛의 굴절을 감지한다
창 내부를 통과한 빛은
진열장 렌즈 안에서 촛점을 잃고
무리에서 이탈한다

어제 나무들의 긴 이야기는
빛의 흐느낌인지도 몰라

여름병동

꽃과 미세먼지는 남기고 왔어요 봄에

낡고 아픈 의자는 버리기로 했어요
그날의 표정은 택배로 보내주세요 여기는
폭염이니까요

비둘기들은 관절염을 앓아요
멀리 가지 못하고 도심 어귀의 의자들처럼
통증을 호소하는 여기는 여름병동이에요

아픈 구름이 병원옥상으로 내려와요
비둘기들이 따라 앉아요
아래는 위험해요 여기서부터 하늘은
출입 금지구역이니까요

높이 날으려 하지 마세요
새로 주문한 날개를 깁고 있어요

꿈꾸지 못하는 밤,
길에서 잃은 발의 통증이 시작되었어요
밤에는 헤진 발의 신음이 새어 나와요
여기는 여름병동 통증이니까요

새를 보내고

한동안
어미 잃은 아기고양이를 길렀다 너는
먼저 정을 붙이고 새라고 부르고
나와 새 사이에서 중성이 되고 너는
정리해고의 가슴 쉷은 세월을 새와
시간퍼즐게임으로 아물어져 가고 나는
갱년기를 잃어버리고

때때로
새는 모서리마다 영역을 표시하고
밥투정으로 시위를 벌이곤 했다
벽과 침대 사이에서 크레바스는
잠결마다 새를 풀어 달라고 아우성치고
새를 어미에게 보내기로 했다
우리는

블랙타임

낡은 카메라를 손목에 매고 다닌다 어두운 기억 속에 잠든 그림자를 흔들어 깨우며 나의 손발은 어두워진 지 오래 언제부터 어둠을 잊고 사는지 잊는 것은 좋은 것인지도 모른다 고장이 나고 고치는 나날이 내가 살아가는 공식, 어둠이 새어드는 저녁 셀프타이머는 자주 고장이 난다 손끝에서 재롱을 피우고 미열을 앓는 밤에는 날을 지새주던 애물인데 누군가 뛰어나올 것만 같아 버리지 못하고 카메라를 매고 블랙 커피숍으로 간다 버스를 타고 암실에 갇힌 날들이 멀미를 한다

저녁 풍경

옷 한 벌로 길에 깃들어 산다

먼데 등이 가려운 노숙은 눈빛으로 말하고
우리가 나무들과 주고 받은 수화를 비밀로 한다

거리에 빛이 사라지고
금은방이 문을 숨긴다
벗은 나무들은 오래된 거리를 가릴 수 있을까
입속의 말이 거리를 떠돈다

사거리에서 사진을 뽑던 그는
말하던 그 우주로 돌아갔을까

나무들의 마른기침이 지워지지 않는다
흐린 날들이 폐지처럼 쌓이고
밑을 긁어대던 나무들이 포장마차로 간다

"닭발볶음 맵게 해주세요. 술은 못해요."

거리에는 불빛을 보러 나온 사람들
지하철입구에서 시작된 어둠이 포장마차로 번진다
은행나무에 열린 별들이 어둠에 취한다
추락하는 별이 나무는 불안하다

가끔 말을 잊은 밤이 찾아온다
그런 날은 시계를 뜯고 부속들 속에 섞여
소리없이 잠든다

별

별들의 말은 멀고 먼 손짓입니다

소곤소곤 눈빛입니다 별들의 마음은

세상에 보이지 않는 별은 없으니까요

어서 오세요
밤으로 만들어진 별나라입니다
여기는

안나푸르나

눈사태로 벽이 무너지고 꿈이 사라진 겨울이야 안나푸르나, 깊어진 우울이 봄을 기다린다 우리는 야크의 발목을 잡고 산을 오른다 방울소리 사라진 낡은 기차가 그림 속을 지나 울지 말아요 안나푸르나!

누군가 하얀 모자를 씌워줄 거야
검은 옷을 입고 다녔어
지난겨울은 어디에서 오는지 몰라
우울이

머릿속을 흐르는 것 같다 토요일 오후 우리는 약을 찾아 떠돌지 너를 본다 어제가 눈에서 사라지고 밤에 벽을 잡고 산을 내려온다 잘 도착했는지 그 나라에는 여기는 늦은 겨울눈이 내려 안나푸르나!

나비

너를 나비라고 부른다 귀여운
고양이가 어둠을 물고 나온다

너의 눈을 들여다 본다
너는 가볍고 부드럽게 밤눈이 내리고
우리는 나비와 겨울밤을 보러 나간다

어쩌면 당신은 그렇게 웃음이 없나요

내가 빠져드는 너의 눈
너의 눈을 읽는다

어제는 먼데까지 걸어갔어요 구름을 따라서
얇은 옷을 입은 당신의 언어는 하늘을 날아다녀요
당신의 손이 따뜻해서 놓을 수가 없어요

시간를 본다
벽시계 속에 잠든 너는
지금 몇 시예요!
어쩌면 당신은 그렇게 잠이 없나요

나는 고양이처럼 깊고 어두운 겨울밤을 좋아한다

겨울 일기

밤에 집으로 간다 물과 바람으로 만들어진 집, 겨울에는 안골이라는 낡은 마을이 있다 겨울밤은 변두리에 깔려있다 밤이 달 속으로 사라지고 사람들은 침대로 옮겨간다 침대가 삐걱거리고 하루에 조금씩 낡아가는 나는 깨지고 고장난 펜으로 일기를 쓴다 고장! 그래 고장이라는 말이 참 좋다 침대마다 어딘가 고장난 사람들 고장이 나면 그는 실컷 일기를 쓰고 여행을 하겠다고 했다 나는 병원에 가지 않을 것이다 깨진 펜은 고치지 않기로 했다

집이 추워서 겨울밤이 아프다 밤이 나를 잠 못 들게 하고 다리를 짓누른다 나는 부어오른 다리를 내려다본다 방 여기저기를 떠도는 다리들, 다리를 잘 접어서 이불속에 넣는다

세공사 김 씨

세공사 김 씨, 해묵은 천식을 뱉는다 우리는 가끔 그의 죽음을 본다 달궈진 불 속의 흰 뼈들, 그의 손가락에 붙은 금은 아프다 재개발이 확정된 예지동, 낮의 시간은 금일 때문에 손이 형벌을 받는다 시계 속에 칸칸이 앉은 사람들, 우리는 소리없는 부속들 카페인으로 하루를 보낸다 현관문이 열리면 풍경소리에 졸던 초침이 깨어난다 여름을 버틴다 서로 몸이 묶인 채 벽을 빠져나가지 못하는 수도배관들

염산냄새에 민감한 건물이 중병을 앓고 벽에서 흔들리는 쇠붙이들은 붉은 녹을 산란 중이다 창밖의 은행나무도 눈을 잃은 가을, 시계방을 기웃거린다 금이 좋아 예지동을 떠나지 못하는 김 씨, 카메라들이 앉았던 자리에 시계들이 해바라기로 피어나고 늦은 오후가 노숙자처럼 재개발지역을 지난다 접근금지령이 내려진 예지동 세공 공장 뒷골목, 금거북이들은 유행을 좇아 사라지고

나를 지운다

흑백사진 속에 오래 서 있었다 시간을 빠져나간 아이들이 여기저기를 쏘다니다가 돌아오곤 했다 눈을 깜박이려고 했으나 움직일 수 없게 햇살이 떠다니고

사진은 초점이 허공에 멎어 있다 셔터 터지는 소리에 눈을 감은 아이 바람을 든 아이들이 카메라 속으로 달려들고 여백에는 안개가 내리고 있었다

우리를 들어가게 해주세요!

바람이 된 아이들 떠드는 소리에 잠을 깬다 잠결에 들었던 아이들 함성이 어디론가 사라지고

바람은 나를 지운다

지하철 1호선

날씨가 흐려서 우산을 들고 다녔다 거리에는 한 곳을 향해 걸어가는 사림들, 도착한 꽃집에는 사람들이 줄을 서서 꽃 이름을 부르고 있었다 헐값에 팔리기 싫어요! 말하는 것만 같았다 꽃향기가 여자들에게 안기곤 했다 누군가 한아름 태양을 안은 오후

화환이 행사장에 도착했을 때 공중에서 각 나라의 유니폼을 입은 사람들이 춤을 추기 시작했다 행사가 끝나고 하늘은 금방 어두워졌다 우산은 새가 되어 날아가고 하나둘 꽃을 버리는 여자들 꽃향기에 물든 여자들 태양을 잃어버린 남자들이 지하철 1호선으로 사라지고 있었다

토요일의 비

비 오는 토요일에는 시계가 늦잠을 잔다 밤에 잠들지 못하던 시곗바늘들이 새벽에 잠든 것 같다 나를 깨운 것은 무엇일까 고장난 시간들이 비밀번호가 되어 돌아온다 잠긴 몇 개의 문이 열리는 소리 시계 부속들을 방에 흩어 놓는다 비가 내린 것 같다 토요일에는 시간을 잃고 오전과 오후를 잠으로 보낸다 시계 부속들을 제자리로 돌려놓고 옆에 잠든 사람처럼 흔들어 본다 시계가 팔뚝에서 뛰기 시작한다 오래전에 고장난 비 오는 토요일에는 시계가 늦잠을 잔다

안개가 따라와

밤은 어제가 오늘이 연속드라마 안개가 창가에 내리는 소리를 들은 것 같다 밤에는 발목이 부어오른다 어디가 아픈 것도 아닌데 밤새 긁어대다가 나도 모르게 잠들었다 목줄이 풀린 안개가 나의 흰둥이처럼 잠을 깨운다 흰둥이를 남기고 개천을 따라 공장으로 간다 자꾸만 안개가 따라온다

잠에서 한참을 걸어 나왔다 꿈이 사라지지 않는 토요일 아침이다 눈꺼풀에서 깨어나지 못한 어제의 카페인이 부르르 떨기 시작했다 잠을 자기는 했는데 깨어나지 않는 것들이 몸속을 돌아다니는 것 같다 날마다 잠을 잃어서 몸이 사라진다 옷은 그대로 있는데 때때로 카페인 때문에 통증을 잊는다 안개처럼

어제

잃어버린 말을 찾아
낮은 촉수의 점멸등을 켰습니다
오늘이 가기 전에
하루를 떠돌던 새들이 축제의 밤을 새기고
하얀 말들이 날아다닙니다
가까이에서 바다가 밤새 묵은 빨래를 합니다
옷에 묻은 말들이 먼지처럼 떨어집니다
햇살이 자라나는 아침, 장마가 끝나고
열병을 앓은 하늘에는 밤의 말들이 몰려다닙니다
길에서 서성이다가 돌아오는 말들을 바라봅니다
하늘이 잔잔해지고 있습니다
내일이면 떠나버릴 햇살에게 배운 어제의 말은
이제 잊기로 했습니다

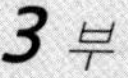

3 부

졸업

겨울은 졸업작품입니다 가을과 겨울 사이에서 지체되었습니다 가을은 갈 곳 없이 떠돌다가 미술관으로 돌아옵니다 바람이 아! 하고 소리 지르자 긴 바지를 붙잡은 나무들이 첫눈이 되고 바람으로 손을 씻습니다 나는 물을 싫어하니까 숨소리도 내지 않고 손을 감추고 오래오래 잠이 듭니다 어느새 졸업입니다 졸업이 오기 전에 겨울을 완성해야 합니다

여름 여행

주말 휴가를 우리는 바다로 가기로 했다

동해가 좋아요!
거기에 살던 사람이 말했다
바다가 산에 가려 보이지 않으니까
바다는 멀리 있으니까

바다는 구름처럼 떠다닐 텐데
고속버스는 갈매기를 닮아 눈빛이 푸르니까

추억에 남는 여행이 될 거야
정말 그럴 거예요
터널, 터널을 지나갔다
밤 같은 터널을 좋아해요

해변을 거닐었다
파도가 바닷가에 뛰어다니고
사람들이 바다를 향해 늘어서 있었다
바다로 나갈 것 같이

뜨거워진 모래를 파고
우리 여기서 살아도 될까요!
집으로 돌아가지 말아요

얼굴이 검게 물들기 시작했다
우리는 갑자기 사라지는 외계인 같이
썬글라스를 끼었을 뿐인데

덧니, 거울에 대고

입은 폭식으로 지워지고 있다
지하철 입구가 보이는 2층 커피숍에서
다른 사람의 입이 되곤 하지 너는

오늘은 바리스타의 발음이 익숙하지 않아

겨울이 되면 날아오던 생일축하멘트가 오지 않는다

치과는 살려보자고 하고
나는 흔들리는 것들을 빼달라고 하고

몸속에 은밀히 거울을 키우고 있었다 겨울이

오랫동안 손거울을 가지고 다녔어
말이 사라지고 밤이 지워지도록 손거울에 덧니를 대고
거울 속에서 살았어

한동안 거울 속 겨울 나라에는
눈이 내리지 않았다

종합병원

밤에 속을 비우고 4층 검진센터로 오라고 했다 어디가 아픈 것도 아닌데 아스피린이나 당뇨 혈압약은 먹지 말고 오라고 했다 메니큐어는 지우고 반지나 목걸이 귀걸이는 빼고 오라고 했다 물만 먹고 오라고 했다

방마다 오락기들이 가득하다 오락기를 눈에 대는 사람 귀에 대고 오른손 왼손을 드는 사람 하얀 가운을 입고 이 방 저 방을 걸어 다니는 사람 오락기에 가슴을 내보이고 무게를 달아보는 사람 주사기로 피를 뽑으며 따끔하다고 한다 불빛이 달린 오락기가 뱃속을 훑고 다닌다 남자들이 잠에 취해 비틀거린다 뱃살이 있으니 조심하라고 한다 위가 얇아졌으니 2년 후에 다시 오라고 한다 어디가 아픈 것도 아닌데 베지밀을 하나씩 나누어 주면서 11월에 내리는 첫눈이다

안개주의보

도시에 안개가 자주 찾아왔다 오래전에

떠돌던 그가 돌아왔다 가슴에 별 하나를 안고

도시를 떠도는 무언가에 발목을 잡히는 꿈을 꾸다가 더듬거리며 집을 나서는 새벽, 모자를 눌러 쓴다

안개에게 자리를 내어주고 우리는 강과 하나가 된다
꿈이었다
누군가 나를 더듬었다 안개 속에서

몸이 그에게서 풀려나자 향기를 잃고 앓아갔다 나는

안개가 걷히고 모자를 눌러 쓴 아침
어제의 교통사고 사상자는
지워진 횡단보도 끝에서 목격자를 부르고 있다

블랙커피

카페인으로 물든 얼굴을 지우는 밤이
쉽게 잠들지 못해
다시는 꿈꾸지 못할지도 몰라

검은 냄새가 손에서 지워지지 않는다
나도 어둠이 배어 빠져나가지 않아

밤이 너무 짙어서 잠들 수가 없어
잠들지 못하는 새벽에 듣는 재즈는 언제 끝날지 몰라

귀마개가 도움이 될 거야
귀에서 누군가 운다
울음소리를 따라가면 잠들지도 몰라
우리는 함께 따라간다

오늘밤은 달빛이 별들을 잠재우고 있어
잠든 동안 어둠이 길어져서
잠이 돌아올 거야

아침이 되면 꿈이 사라질 거야
다시는 꿈꿀 수 없을 거야 잠이 달아나서

낮이 되면 나는 눈을 감고 있을지도 몰라

불면

밤에 무슨 일이 생길지 몰라
구급차가 집 가까이 지나가는지 모르지

오늘은 흐린 밤이야
가로등 불빛이 느리게 찾아올 거야
매일 밤 같은 화장을 하고 골목에 서 있는 얼굴들
서로를 못 알아 볼 거야
모두 잠들고 나도 잠이 오기를 기다린다

밤의 이야기들을 엿듣는다
어느 별에서 왔는지 묻지 않는다 불빛은

잠이 오지 않아
집으로 돌아가는 차들의 불빛을 바라본다
신호등이 파랑에서 빨간 말로 바뀌고

위험해 여기에서 다음 말을 기다려야 해!

도로에는 차들의 말이 길어지고
가로등 아래 은행나무들이
지워진 밤의 화장을 고친다

토요일 공원

유리창에 함성이 흔들리는 토요일은
주말축제로 어지러워

누군가 가까이에서 악기 소리를 내고
멜로디가 허공에 떠다니고
곧 공연이 시작될 거야

밖에는 귀를 틀어막은 나무들
음악은 어려워서 싫어!
나도 노래를 부르지 못한다

잠이 몰려오는 토요일
너는 하양 나는 검정개를 매고
공원으로 간다

이리와 봐!

오늘은 공원에서 결혼식이 열릴 거야
여자 같은 남자와 남자 같은 여자의
첫 번째 결혼

오늘 하루는 남자 같은 여자가 되고 싶다 나도
그래 오늘은 썬글라스를 쓰고
남자가 되는 거야

겨울 꿈

가을이 지나도록 가슴에 통증을 달고 살았어
지난여름은 많이 아팠어

병원냄새를 풍기는 내과의사와 친해진 것 같아
그래 병원에는 정말 가기 싫다

엑스레이를 찍었어 폐병이 다시 돋을지도 몰라
병원에는 다시 가지 않을 거야
지난여름의 그림자들이 몸에서 사라지고

너는 긴 겨울옷을 입고 거울 앞을 서성이지
아직 눈이 내리지 않은 겨울이야
햇빛이 지난여름처럼 나를 검게 물들이려고 해

긴 일기를 쓴다 밤에
나쁜 꿈을 꾸었지
숨소리를 잃은 겨울밤은 폐에 구멍이 뚫린 것 같아

이마를 짚어주는 너를 바라보다가 잠든다

네가 나를 떠나는 꿈에서 빠져나온다
너는 나쁜 겨울 꿈이야

볕 드는 집

산동네 전깃줄에 상현달이 걸렸다

마리아 수녀회에 모여 사는 수녀들은
사람과 신의 중간
언어를 가졌으나 반은 신의 것
몸을 가졌으나 반은 남을 위해 산다

실눈처럼 열린 문으로
볕을 한 입 먹은 마당이 새어 나오고
빨랫줄에 헤지지 않은 수녀복이 널리고

산동네 재개발지역을 지날 때
마리아 수녀회 마당을 엿본다
수도복을 벗고 사람이 된 수녀들
해바라기 웃음 섞인 수다가 흘러나오고

볕은 수녀들의 내부를 신처럼 드나든다

빛

도심 어귀에 조각난 햇살들이 앉아 있다 노인은 행려병으로 발가락을 잃고 말을 잃고 빛 한줄기를 얻었다 구도자처럼 도시를 떠돈다 그를 알아보는 사람 없이 도시는 소한에서 대한으로 간다 햇살을 모으던 유리창에 문득 생각난 듯 획 하나를 긋는다 빛이 빌딩 뒤편으로 숨으면 또렷하게 살아나는 그의 언어들 아무도 그가 어느 별에서 왔는지 묻지 않는다 그의 눈 속에는 길이 있다 빛이 그의 눈으로 들어가고 나온다 수십억 광년을 달려온 별무리가 그를 따라다닌다 곧 어스름이 찾아온다 흩어진 박수가 비둘기들의 날갯짓에서 새어 나온다 시들었던 광장의 촛불은 다시 불을 밝히고 도시의 유리창은 초점을 잃는다 이제 이 별을 탈출하고 싶다는 그의 한마디가 밤마다 떠돈다

시외버스터미널

터미널에서 만나기로 했다 바다행 버스는 4시에 출발한다고 외치던 남자는 바닷가에 살았다고 했다 오지 않는다 4시에 만나기로 한 그가 산이 있던 자리에 터미널이 들어섰다고 거기에서 일하는 사람이 여기는 지하 주차장이 없다고 했다 시외버스터미널로 들어온 소음이 현악기로 들리곤 했다 전파가 끊어질 듯 흐릿해진 대합실에서 사람들이 전화를 하고 버스가 오지로 떠나고

대합실에는 메시지를 확인하거나 전파가 잘 잡히는 쪽으로 방향을 돌리는 사람들 여행은 버스가 재미있다고 그는 말한다 터미널 밖에는 작은 눈이 시작되고 차들이 빈자리를 잡고 눈이 흐려서 벽에 붙은 시간표가 보이지 않는 사람들 버스가 들어서자 계급장이 붙은 것처럼 서로 경례를 하는 남자들 시계가 없는 사람들이 찻시간을 묻곤 한다 그사이에 함박눈을 맞은 바다행 버스가 들어

오고 버스에서 내린 남자가 이 버스는 오늘 바다로 나가지 않는다고 소리치고 있다

눈이 내리기 시작한 여기는 땅끝이다

어제를 읽는다

잃어버린 말을 찾아 밤을 떠돈다

햇살을 물고 온 아침이 어제의 말을 읽는다
아침이 아! 하고 소리를 지른다
말들이 어둠에 쓸려갔는지 몰라 어제는

무슨 말을 했지! 나에게

장마가 말을 잃고 길을 잃고 서성이다가
떠도는 말들을 바라본다 밑을 잃은 비는
표정을 버리고 이름을 버리고

떠났던 어제의 말들이 몰려오고 있어요!

전철을 타고 도시로 간다
어제 무슨 말을 했지! 나에게
돌아온 어제가 나에게 중얼거린다

산울음

너의 울음은 밤에
수다로 변하지 아침에

귀 기울이며 산다 너를
전철과 버스 사이에서 쉽게 잃어버리지
너의 목소리

그 가을 나를 따라 산을 내려온 너는
숨소리가 울음으로 변한다 새벽에

울음이 밴 옷을 아침저녁 갈아입고 나는
너처럼 옷 두 벌로 한 계절을 산다

종종 길을 잃는다 너는
메아리로 나를 따라다닌다

밤새 옆에서 잔 것 같고 너는
어둠에 취해 잠자리를 잊은 것 같고 나는

때로는 꽃도 아파요

상처를 입어요 바람은 꽃에게 꽃은 바람에게

일기장이 꽃으로 피는 상상을 해요
예쁘지 않은 입이 어디 있겠어요
입으로 웃고 울어요 잎이 피고 지는 동안

꽃의 말을 배우고 있었어요 나는
몇 마디로 평생을 살 수 있으니까요

바람의 말은 버리기로 했어요 어제

내 마른 가지마다 계절이 오고 가고
밤새 들려오는 꽃의 말을 아프게 배워야 해요 이제

봄과 가을 꽃말들이 일기장 속에 잠들어 있어요

4부

별나라

밤마다 별나라에 갑니다

초저녁 엄마 별
한밤중 아빠 별을 지나
새벽 내 별까지

별나라 기차는 달랑 한 칸 달고
다닙니다

와! 동네 할머니 할아버지가
모두 모였네요

별나라 기차가 보이지 않는 밤은
잠이 오지 않아요

가끔 그래

어둠으로 채워져 있거나
어제 나간 바람이 돌아오지 않는 빈 집이 있다

나는 바람보다 큰 옷을 입고 다닌다

어두워진 하늘이 먼저 돌아와
빈 집에 불을 켜고 저녁을 준비하고

집을 비우고 밤이 지나는 사이 누가 찾아왔는지도 몰라
문을 두드린 소리 택배가 왔다 간 발자국

성당을 서성이거나 불 꺼진 우체국을 기웃거리다가
집으로 간다

폭설로 잃은 겨울이 오지 않고
장마에 기억을 잃은 여름이 돌아오지 않는다

지난가을 그가 태풍이 되어 나의 집 앞을 지나갔다는
소문을 들었다
그리 깊지 않은 가을이었다

멸치

바다를 잃고 입이 탄다 너는
헛소리처럼 나를 부르지

너는 입이 무거워지고 말이 많아진 나는
바다처럼 오늘이 오늘을 되뇌이고
물결이 수화처럼 흐르지 여기는

입을 잃은 어류들이 소음을 파도 삼아
만지작거리다 내려놓고 잠 속에서 너의 꿈을 꾸곤 하지

여기가 어디지!
보이지 않는 바다가
손을 빠져나가는 저녁 식탁이야 여기는
어둠을 찾아야 해

눈부시게 어두워 여기는
너를 떠나오면서 나의 표정은 하얗게 굳어졌어
누가 깨워주지 않으면 빠져나오지 못하지 나는
이 밤 어둠을

팥죽

세 밤만 자면 엄마가 온다는 할머니
가을이 지나가도록 엄마는 오지 않네

기차가 지날 때마다 뛰어나가
한 칸 한 칸 지렁이 기차를 세던 동생은
엄마를 잊어가고

엄마가 생각났는지 동생이

보채면 팥죽 끓여주고
함박눈 내리면 팥죽 끓여주던 할머니는
이 겨울 어디에 계시나요

낙엽

새들의 언어를 한입 물고
노래를 불렀습니다

나무들이 버린 색깔로
언니처럼 화장을 했습니다

조약돌의 약속을
손톱에 새기는 날

내 이름은 가을입니다

달과 별은 엄마랑 노래 부르고

언니들 틈에서 달 이야기를 들었습니다

한 달에 한 번 피는 달꽃

나는 별인 줄 모른 채 달을 꿈꾸고

달의 옷을 입고
엄마의 노래를 따라 불렀습니다

언니 달이 동그랗게 공을 굴리는
밤이었습니다

안나의 방

안나는 나보다 열 살이 많아요
나이가 많으면 뭐 어쩌겠어요

안나의 방에서 라디오가 노래를 해요
이야기가 새어 나와요 하루종일
학교에 가지 않으니까 안나는
심심하니까 하루하루

토끼가 춤추고 염소는 노래해요
꼴을 먹이니까
안나를 좋아하니까

안나의 방을 기웃거려요
깊고 푸른 방에 새겨진
곱은 등자욱이 펴지지 않아요

날씨

히말라야
여기는 날씨가 나오지 않아
지나가는 구름과 바람 조금
추위와 허기는 오래전에 사라졌어

날씨를 보여줘
너는 남자 같고 거친 여자 같고
나는 밤에 손끝으로 어둠을 더듬다가
잠들곤 하지

더운 듯 추운 듯 잠자리를 뒤척이며
산이 되고 눈이 되는 너는
밀려오는 잠을 이기지 못하고
깊은 물이 되었어

날씨가 궁금해
구름 조금 바람 조금일 거야 내일은
히말라야

내일은 푸른 하늘

안나는 며칠을 소리 없이 아파요

오전이 내려오고 그 길로 오후가 올라가고
마지막 저녁 열차가 소리 없이 지나가요

우편열차를 태풍이 따라오고
저녁이 지나가고 또 가을이 올 거예요
집들이 작고 빨간 불을 켜고 안나의 안부를 물어요
늦은 가을이에요

가을밤이 안나의 곱은 등을 펴게 해줄 거예요

안나의 내일은 오지 않을지도 몰라요
집들이 어둠에 싸이고 소가 착하게 울고 닭이 울고

라디오에서 안나의 내일은 푸른 하늘이 흘러나와요

심야버스

아메리카노를 마신 밤에는 새들이 잠들지 않는다 나도 잠들지 못한다 새벽 버스를 타야 하니까 크롬도금이 벗겨진 수도꼭지에서 자정이 새어 나온다 월요일에는 새벽에 집을 나서야 한다 오래되고 큰 도시에 사는 것은 이제 재미가 없다 술 취한 남자가 다음 역에서 내려달라고 한다 잠든 사람들로 뒤엉킨 새벽에 버스는 노선을 찾을 수 있을까 심야버스는 변두리를 벗어나면서 졸음운전을 하고 전용차선이 사라진다 사람들은 깊이 잠들지 못한다 여기저기 박스를 줍는 사람 쓰레기를 치우는 사람 심야버스를 타고 도심으로 간다

겨울 봄 사이

당선작 한 편을 꿈꾸었다

그해 가을은 단편 한 편, 겨울은 당선작 없음, 봄은 졸업장을 끼고 더 큰 도시로 학교를 떠나는 아이들, 겨울에만 글을 쓰던 그는 봄이 오기 전에 그 도시를 떠났다 우리는 이미 낡아버린 도시의 겨울을 쏘다녔다 느리게 봄이 따라오고 졸업이 왔다 우리는 봄의 꽃들을 뒤로하고 그 도시를 떠나왔다

겨울 그 도시는 당선작 없음이었다

불자동차

아이의 꿈은 흩어진다 사이렌으로

도로에 차들이 넘치면 나는
손을 흔들어 세우고 돌아가게도 하지

꿈에 무언가 지나는 소리에 사라진 길이 귀 기울이지
불자동자는 골목에 멎어 숨을 고르고
벽돌집 사이를 비집고 아이가 깨어나지 않게

나는 불자동차가 되고 싶어

모두 잠든 동네를 빠져나가는 거야
어디로 빨강을 찾아 떠나야 할지
사람들은 꿈 밖에서 소리 지르고
어둠이 빠져나가지 못하는 꿈에서

사이렌을 울리는 거야

운동장

보이지 않는 끝에서 키 재기를 한다 플라타너스들이
놀던 자리에 가끔 구름이 내려오고

여기는 학교가 지워진 치매병동
아이들은 어디로 사라졌을까!
길 잃은 바람을 모아 축구를 한다
오래전의 함성인 듯 나무들의 응원이 시작되고

안개에 길을 잃은 사람은 안개에 실려 이 학교에 온다
교과서가 안개뿐인 학교
교실이 사라진 마지막 시간은 음악과 체육이다

"여기는 외부인 주차금지입니다!"
바람 빠진 공은 주장이 되어 파이팅을 외치고
골대를 빗나간 슛은 누가 주워오지
인저리타임은 언제 호르라기가 울리는 거야

안개가 창에 갇힌 날은 집에 가고 싶다
지난밤 잠 못 들던 초침 소리를 운동장에
게워 놓는다

블랙블랙

눈을 감고 있는 것 같다 나는

밤이 되면 잠은 망가진다 블랙커피에
다시는 커피를 마시지 않을 거야 밤에

잠이 달아나서 나는
꿈을 꿀 수 없다
아침이 되면 깊은 잠이 몰려올 거야

잠이 오지 않는다

오늘 밤에는 불을 끄지 않는다 사람들이
이불을 두르고 우리는 시계를 따라간다
쉽게 잠들지도 몰라
초침 소리가 도움이 될 거야

이리저리 라디오를 돌려요 누군가 잠들지 못하고
깊은 밤의 노래를 찾아

그래
노래에 빠져면 깊이 잠들지도 몰라
누가 저 라디오 좀 꺼주세요

파랑주의보

분다 바다를 걸어온 바람이 눈을 감고

먼데까지 가서 돌아오는 연습을 하지
길에 돌을 하나씩 던지고 밤에

바람을 따라가면 바다를 볼 수 있을까
알 수 없게 바닷가에 암호를 새기고 돌아오는 거야

마음에 스민다 파랑이
잡으려고 하면 어느새 손가락에 물들지

우편열차를 따라 달리곤 했다 꿈에
손에 잡힐 듯
소녀와 철길에서 놀다가 팔을 잃기도 하지

팔은 언제 자라나요

소녀는 바람을 그리는 화가가 되어
파랑을 불러오고
나는 잃은 팔을 찾아 바람과 길을 떠난다

유리 물고기

빛을 지나온 돌은 모두 별이 된다
꿈꾸지 못하는 시간은 어항 속 물고기가 되고

나는 물고기
내 눈은 유리로 만들어졌어요
밤마다 창밖을 우러러봅니다

빛에 묻힌 돌은 모두 보석이 된다
빛의 흔적은 물로 지워지지 않아요

내 손을 잡아봐!
빛에 물든 몸이 뜨거워

창밖을 우러르고 물고기의 말을 배운다
표정을 닮아간다 밤에
나는 몇 마디로 하루를 살 수 있으니까요

어항에 물든 빛은 물고기가 된다

*

작품 해설

*

김권 시집

《안나의 방》

*

*

*

천변만화하는 생의 공간, 하늘공방

김신영
시인·문학박사

공간은 사람의 인생에서 중요한 의미를 갖는다. 특히 그것이 직업이며 생활과 직접적으로 연결이 되어 있을 때에는 의미가 깊어진다. 김권 시인이 상정하는 첫 시집 『안나의 방』은 그의 삶이 전폭적으로 담겨 있는 공간이 나타난다.

자신이 살고 있는 공간을 사랑하지 않는 사람이 어디 있겠는가? 자신을 긍정하고 아름다운 의미로 받아들이지 않는 사람이 얼마나 있겠는가? 김권 시인은 자신의 공간에서 삶의 아름다운 탑을 쌓아 가고 있다. 특히 시 「하늘 공방」으로 명명된 곳은 기지既知의 세상에서 미지未知로 나아가는 시인의 발걸음으로 아름답기 그지없는 심리적 극대화의 공간이다.

시인들에게 삶의 공간은 내밀한 공간이면서도 시를

창작하는 동기를 제공하는 경우가 많다. 김권 시인의 경우 그 영역이 거대한 지류로 형성되어 시의 면면에 흐르고 있다. 그가 인생에서 우선적으로 해결해야 하는 선결적 조건은 삶이다. 삶을 지속가능하게 이끌어가야 하는 중압이 그의 심저에 깊이 작용하고 있다.

또한 삶은 「북쪽」에 기울어 있고 「안나의 방」에 그 진원지를 두고 있다. 두 키워드는 인문적 동질성을 갖고 있으며 시인의 정서를 이루는 원형질에 해당한다. 김권 시인의 미적 지평을 넓혀 주는 키워드를 따라서 시인에게 작동하는 아름다움의 기재는 무엇인가 살펴보고자 한다.

1. 하늘공방

'하늘공방'으로 명명한 생의 공간은 공방을 하늘로 확대하고 있다. 하늘은 무한대의 드넓은 곳으로 공방이라는 좁은 곳과 대비가 된다. 두 단어가 합하여 하늘 같은 공방, 하늘을 담은 공방, 하늘로 가는 공방, 하늘을 보는 공방 등 그 해석을 다양하게 해 볼 수 있다. 작은 공간에서 큰 공간을 넘나드는 시인의 의식이라 할 것이다.

김권 시인의 구체적인 삶의 형식인 '공방'은 어쩌면 그에게 밀어닥친 당위의 말이 숨어 그를 갉아 먹는 공간이다. 시인은 그곳에서 살아내기 위한 정동적 행동을 해야만 한다. 어떤 때는 그것이 즐거운 일일 것이나 어떤 때는 그것이 독으로 다가오는 곳이기도 하다. 이에 미적 지평을 열어 주는 것으로 삶에 관한 긍정과 부정이 나타나고 있으며 이 양가적인 교감과 자극으로 시를 표상화하고 있다. 의식의 배면에 있는 것은 현재의 모습이며 이와 더불어 '있어야 할 것'으로 규정되는 것들이 시를 통하여 드러난다.

> 아름다움이란 예술가가 온갖 영혼의 고통을 겪어가면서 이 세상의 혼돈에서 만들어내는, 경이롭고 신비한 것이다.
>
> (서머싯 모옴, 달과 6펜스)

생에 닥친 주름진 현실은 진구렁에 머물고 있는 진창이다. 그럴지라도 즐거운 낙관을 일삼는 시인은 반짝이는 눈으로 별을 만진다. 그것은 시인에게 아름다운 꿈이 있기 때문이다. 아름답다는 것은 한 영혼이 감내해야 하는 고통을 예술이라는 경지로 나타내는 것을 의미한다. 시인들은 이를 볼 줄 아는 낭만성을 갖고 있다. 삶의 고통은 현실일 뿐이다. 예술이라는 잉크로 그려지는 상황은 아름다운 시로 승화하여 숭고하기 그지없다.

옥상에 숨겨둔 말을 해줄까

속병을 앓는 물탱크도 빛을 잃은 광고탑도 아직 낮인데 잠들어 있어

카톡이 모여들고 연필로 그린 말이 사라지려고 하지 지우개로 지우는 여기는 펜으로 새기고 천 개의 하늘이 흐르지 보이지 않게 비가 지나가고

철없이 나는 가끔 기러기처럼 떨어지는 상상을 해 나를 내려다 보곤 하지
흩어진 나를 찾을 수 있을까

잠깐, 옥상으로 오세요
소리 없이 소문이 자라나고 있어요
깨어나지 못하는 옥상은 어두워지기 전에 가두어야 해요 낮잠에서

공방이 사라지고
유리조각 몇 개 나뒹구는 빛투성이야 여기는
이미 고소공포가 시작 되었어

-「하늘 공방」 전문

서머싯 모음은 아스팔트에서 백합꽃이 피어날 수 있으리라 믿고 열심히 물을 뿌릴 수 있는 인간은 시인과 성자뿐이라고 달과 6펜스에서 말한 바 있다. 이 낭만적 상상은 현실에서는 적합한 공간이 아니라 오히려 지옥

처럼 고통스러운 곳일 것이다. 그럼에도 불구하고 시인은 하늘공방이라고 명명한다. 스스로 백합꽃이 되어 아름답게 살아가고 있는 것이다. 날마다 물을 뿌리고 잘 자라기를, 아름다운 꽃이 피어 향기로 진동하기를 기다리는 것이다.

옥상은 위로는 휜하게 뚫려 있는 공간이다. 답답한 공방을 벗어나 옥상에 간 그는 그곳에서 갖가지 현실을 목도한다. 그가 내뱉은 말은 옥상에 숨어 있고, 그곳에는 '속병을 앓는 물탱크'가 있다. 이는 시인과 동병상련의 아픔을 가진 사물로 겹으로 싸여 있는 도심에서 속병을 앓는 의미가 놀랍지도 않다. 속병이 자신의 것만은 아니라는 침묵의 항변이다. 옥상에서 '빛을 잃은 광고탑'을 보기도 한다. 광고판의 가장 중요한 요소인 '빛'을 잃은 존재다.

또한 누구나 사용하는 현대 문명의 이기인 카톡을 보기도 한다. 이는 시인에게는 치명적인 상처다. 연필을 들어서 쓰고 지우고 할 수 있는 창작을 카톡에서는 '카톡이 모여들고 연필로 그린 말'이 사라지는 풍경이 나타나기 때문이다. 그는 펜으로 지워지지 않는 것을 새기고 싶은 소망을 가지고 있다. 그때가 '천 개의 하늘이 흐르'는 아름다운 풍경은 지워지지 않는 시가 펼쳐지는 순간일 것이다. 그러나 언제 삶의 나락으로 떨어질지 불안한 속내를 감출 수가 없다. 이에 '기러기처럼 떨어지는 상상'을 하고 그렇게 흩어진 자신을 찾을 수 있을지 불안한 심정을 생경하게 드러낸다.

하지만 여전히 옥상은 그에게 있어 트인 공간이며 그의 인간적인 마음을 달래주는 곳이다. 소리없이 소문이 자라고 깨어나지 못하는 옥상이지만 그곳에서 위안을 얻는다. 이제 그곳도 도시계획으로 인한 세속적 영달에 시달려야 한다. 곧 사라질지 모르는 운명에 처해 있기 때문이다. '공방이 사라지고/유리조각 몇 개 나뒹구는 빛투성이야 여기는'에서 공방이 사라진 자리에 유리조각이 뒹구는 것을 '빛'으로 표현하고 있다. 대개大槪는 '빚'이 남아야 하는 공간을 시인은 반어적인 빛을 사용하여 유리조각 만이 반짝이는 상황을 형상화하고 있는 것이다.

그로 인하여 현실이 공포인 상황이 나타난다. '고소공포'는 높아서 느끼는 공포가 아니라 언제 문 닫고 사라질지 모르는 일터에 대한 공포이다. 그야말로 시인의 공방은 공포로 차 있다. 세공사인 시인은 그곳에서 가장 아름다운 시어를 고르고 삶의 탑을 쌓아가는 중이다. 공방은 '있어야 하는' 공간이다. 언제 사라질지 모르는 하늘공방에서 진한 백합 향기를 기대하면서 날마다 물을 뿌리고 있다.

2. 북쪽에 기울어진 예각

그의 시편들은 북쪽으로 기울어진 예각이다. 예각은 북쪽이라는 각도에서 벗어나지 않는 것을 말한다. 그는 북쪽에서 벗어나지 않은 채 자신의 삶을 북쪽에 가두어 놓는다. 김권 시인이 시간의 골을 펼치는 북쪽은 어떤 정경일까?

김 시인이 접하는 세월의 주름은 시집에서 북쪽의 얼굴을 보여준다. 그의 시세계를 접하면서 궁금했던 북쪽이 서글퍼진다. 겹겹이 쟁여있는 주름을 펼쳐보면 시인이 살고 있는 북쪽, 그 결여의 수사에 둥지를 틀고 있는 의식의 내면이 나타난다.

> 북쪽 끝에서 저녁이 몰려온다 동은 갑자기 솟아 오르지 그는 바다에 가고 싶다고 몇 달을 누워서 시력을 잃고 우리는 곁에서 하얗게 일어나는 근심을 털어 내거나 굳은 각질을 벗겨내고 그가 북쪽을 떠나 그의 나라로 가자 그의 금빛 만년필도 빛을 잃고 마지막까지 그를 지켜준 하얀 시계의 남은 시간을 그의 집으로 보냈지 북쪽의 산들은 반만년 쯤 끌어안거나 손끝에서 아득히 우러르거나 산들이 음악 소리를 내고 북쪽에 사는 사람들은 가방에 현악기 하나쯤 가지고 다니는 것

갈다 여름이 사라졌는데도 여기는 밤이면 검은 공기들이 몰려와 꿈이 까맣다 저녁과 아침 사이 길고 어두운 밤을 견딘 북쪽의 산들이 신음을 내곤 했다 해가 길어지고 첫 버스에 숨겼던 지난겨울 구겨진 어둠이 깨어나고 아침빛이 젖은 밤을 말리고 있다

-「북쪽에 살아요」 전문

한국 사람에게 북쪽의 의미는 찬바람이 불어오는 곳이다. 겨울이면 어김없이 북쪽에서 찬바람이 불어온다. 찬바람은 매서운 추위를 동반하여 사람들은 추위에 떨게 된다. 그 북쪽에 얼굴을 묻고 불어오는 바람을 맞는 시인의 현실은 고달픈 고통의 연속이다. 따라서 삶의 공간이면서 소외된 공간인 북쪽은 외롭고 쓸쓸하다.

그 북쪽에서 몰려오는 저녁은 어떠한가? 겨울날 낮동안 미력하게 비치던 빛마저 저녁이면 사라지고 바람은 더욱 차가워진다. 상전벽해의 상황이다. 엎친 데 덮친 격이다. 그 차가운 밤을 온전히 끌어안고 있는 화자를 만난다.

한국인은 분단의 대치 상황으로 북쪽을 매섭게 느낀다. 갈 수 없는 곳이며 부재의 현실이다. 더불어 우리는 날마다 북쪽에 대한 애곡을 일삼고 있기도 하다. 어쨌든 시인은 북쪽에 살고 싶은 화자로 등장하여 왜 북쪽을 지향하는지 궁금하게 한다. 시인의 북쪽은 시제에서

살펴볼 수 있듯이 '북쪽에 살아요'처럼 살고 싶은 공간으로 나타나고 있다.

소망하는 공간으로 그 의미를 확정한다면 여기서 북쪽은 따뜻한 곳이며 존경하는 사람(시인)이 있는 곳이다. 그곳은 현악기를 연주하는 음악소리가 있으며 밝은 곳이고 각질을 벗겨내고 가야 하는 정결하고 흠 없는 공간이다. 또한 북쪽은 산들이 음악소리를 내는 곳이다. 비록 신음을 내더라도 견디어내면 도착하는 곳이다. 그곳은 겨울을 숨길 수 있고 어둠이 깨어나고 젖은 밤을 말리는 곳이다. 그렇다면 시인이 그리는 북쪽은 북쪽에 있을 뿐인 곳으로, 누구나 소망하는 이상적인 공간이다.

3. 검은 우체국에서 만나는 주체의 감각

시인은 검은 색에 매우 민감한 반응을 보인다. 흔히 불이 꺼진 상점의 색깔이 검은 색이지만 그는 불 꺼진 우체국을 지나면서 검은 풍경으로 마음에 빛이 생긴다. 출퇴근을 반복하는 화자는 저녁과 아침에 우체국 앞을 지나는데 그것이 원인이다. 저녁이 먼저다. 사실 우체국이 검은 것이 아니라 시인의 마음이 검은 색이다. 그것은 안나에게 부친 편지가 오지 않기 때문이며, 그 마음이 우체국에 투영되어 불꺼진 우체국처럼 불 꺼진 자신을 표현하고 있는 셈이다. 편지를 보내주어야 할 우체국이 까맣게 잠들어 있으니 편지가 올 리가 없다. 항상 지나치는 우체국의 표정을 자신이 보는 눈으로만 해석하고 주체적으로 표현하여 시각화하고 의인화한다. 김 시인은 잠들어 있는 그가 몹시 못마땅하다.

> 저녁과 아침에 우체국 앞을 지난다 이야기들이 문장이 되어 잠든다 날마다 빛에 깨지는 유리창만큼 얇은 우표를 붙이고 돌아와 편지가 돌아오기를 기다린다 커튼이 내려진 검은 우체국에 잠든 나날들
>
> 남쪽을 바라보며 산다 봄바람이 북으로 불어온다 남쪽의 바람은 오래전에 잠든 안나를 냄새나게 하고 불빛으로 야산에 사그라지게 하고
>
> 나는 북쪽에 산다
> 안나의 긴 팔다리와 하얀 얼굴이 아직 사라지지 않고 땀 냄새를 풍겨주었으면
>
> 동그랗게 몸을 누이고 나는 몇 날 며칠 오지 않는 안나의 편지를 기다린다
>
> 아침저녁 유리가 검은 우체국을 지난다

-「검은 우체국」 전문

편지가 오지 않는 부재의 사실은 모든 것을 우체국으로 이끈다. '이야기들이 잠들어' 있기에 우체국에서는 '날마다 빛에 깨지는 유리창만큼 얇은 우표'를 붙이고 돌아와 편지가 오기를 기다린다. 세상의 빛만큼 얇은 우표는 그 가느다란 빛줄기와 얇은 우표의 의미를 등가로 매기며 편지가 올 것이라는 기대로 부풀어 있다. 빛은 가늘고 우표는 얇다. 그러나 우체국에서 편지를 부치고 돌아오면 우체국은 잠이 들고 만다. 그것은 기나긴 기다림을 의미한다. 오지 않는 편지로 인하여 보건데 우체국이 깨어있지 않기 때문으로 해석한다.

땀 냄새를 풍겨주는 안나의 긴 팔다리와 하얀 얼굴을 상상하면서 편지 속에 담겨 있을 건강한 삶을 소망한다. 이는 살아 있는 사람들에 대한 그리움이다. 건강하지 못하여 오래전에 냄새나는 안나, 안나는 남쪽의 따뜻한 바람 때문에 잠들었고 냄새가 난다. 그를 야산에 사그러지게 한다는 사실은 남쪽으로부터 입은 커다란 상처 때문이다. 그리하여 안나는 병들었으며 그가 북쪽을 지향하게 된 원인이 된다.

땀 냄새로 표방되는 것은 사람의 냄새이며 긍정과 희망의 냄새다. 시인은 행복하게 살아 있는 시간을 갈망하고 있는 것이다. 우체국에 불이 켜지는 시간, 기다림이 편지로 되돌아오는 시간, 편지가 도착하여 읽어 내는 시간을 고대하고 있다.

4. 세공사 김 씨가 그리는 지층地層

잭슨 폴록Paul Jackson Pollock은 무질서의 질서, 즉 혼돈의 질서를 그려서 세계적인 거장이 된 바 있다. 그가 그린 그림은 열정적인 혼이 드러난다는 평가다. 김권 시인의 시에서도 시혼이 묻어난다. 그의 시적인 열정이 기둥을 이루면서 어떠한 상황도 이기고 견뎌내고 있다. 세공사인 자신의 전 존재를 다 들어서 세계를 끌어안고자 하는 것이다. 무모한 그의 이러한 시혼은 재해의 위험도 마다하지 않는 결연을 보여준다. 그것을 가족의 포도청을 책임진 가장의 책무라고 해야 하나? 세상을 아름답게 하려는 시인의 사명이라고 해야 하나?

세공사인 김 씨는 중병을 앓으면서도 일을 계속 하는 착한 가장이다. 천식이 심해서 그로 인해 죽음을 보는 지경에 까지 이르러 있다. 일을 가로막는 천식은 직업으로 인한 직업병일 가능성이 크다. '달궈진 불 속이 흰 뼈들'이란 세공을 하면서 금속을 달구어 녹여야 하는 과정에 노출되어 있음을 알려 준다. 그가 할 수 있는 일은 다른 일이 아닌 세공, 세공 전문가이다. 그러므로 그만 둘 수는 없는 일. 뼈가 하얗게 되도록 일을 한다.

문득 그의 손가락에 금이 붙어 버리면 '손가락에 붙은 금은 아프다'로 손가락이 몹시 아픈 상황이 나타난다. 화상에 무방비로 노출되어 있는 것이다. 손가락에 금이 붙는 다는 것은 금세공을 하면서 뜨거운 금이 손가락에 묻은 것이다. 이는 산업재해라 할 만큼 위급한 재해다. 그러나 아픈 손가락을 두고 일을 계속한다. 그가 짊어진 기둥은 당당하고, 자신을 해체하면서 자신을 인정하는 강력한 의지를 드러낸다. 어지럽게 펼쳐진 세공의 난장亂場에서 김 시인은 생의 에너지를 모조리 쏟아 붓는다.

> 세공사 김 씨, 해묵은 천식을 뱉는다 우리는 가끔 그의 죽음을 본다 달궈진 불속의 흰 뼈들, 그의 손가락에 붙은 금은 아프다 재개발이 확정된 예지동, 낮의 시간은 금일 때문에 손이 형벌을 받는다 시계 속에 칸칸이 앉은 사람들, 우리는 소리없는 부속들 카페인으로 하루를 보낸다 현관문이 열리면 풍경소리에 졸던 초침이 깨어난다 여름을 버틴다 서로 몸이 묶인 채 벽을 빠져나가지 못하는 수도배관들
>
> 염산냄새에 민감한 건물이 중병을 앓고 벽에서 흔들리는 쇠붙이들은 붉은 녹을 산란 중이다 창밖의 은행나무도 눈을 잃

은 가을, 시계방을 기웃거린다 금이 좋아 예지동을 떠나지 못하는 김 씨, 카메라들이 앉았던 자리에 시계들이 해바라기로 피어나고 늦은 오후가 노숙자처럼 재개발지역을 지난다 접근금지령이 내려진 예지동 세공공장 뒷골목, 금거북이들은 유행을 좇아 사라지고

-「세공사 김 씨」 전문

열정의 에너지를 쏟아붓는 세공사, 재개발을 앞둔 예지동에서 마지막 남은 시간을 시혼으로 기둥을 세우면서 영혼으로 세공을 한다. 이를 시인은 형벌이라고 표현한다. 세상에서 가장 귀한 금을 만지기에 형벌을 받는 것일까? 작은 공간에 시계처럼 세공사들이 앉아 있다. 생계를 이어가는 세공을 계속하기 위해서 '소리 없는 부속'이 되어 카페인으로 삶에서 오는 두려움을 이겨낸다. 손님이 없는 금방은 현관문에 붙어 있는 풍경이 소리를 내면 깨어나고 비수기인 여름을 버틴다. 서로 몸이 묶인 것처럼 빠져나가지 못하는 수도배관은 예지동을 빠져나가지 못하는 세공사와 동일시된다.

세공사들은 세공에 쓰이는 염산으로 인하여 피해가 막심하다. 중병을 앓고 있는 환자들이 많은 것이다. 염산은 무엇이든 녹이고 산화시키는 성질을 갖고 있다. 또한 염산가스를 마실 경우 코와 목이 따끔거리고 목이 쉬며 심하면 질식의 위험도 있는 것이다. 이 염산을 늘

가까이 해야 하는 세공사들은 당연히 중병에 시달릴 수 밖에 없다. 환경이 너무나 열악하지만 좁은 공간에 자신만 어떤 시설을 할 수도 없다. 자영업자이므로 국가에서 도와줄 수도 없다.

그런 가운데 김 씨는 금이 좋아서 예지동을 떠나지 못한다는 실체적 진실을 고백한다. 세공을 예술가적 견지로 이끌어 가고 있다는 것이며 여기에 혼이 들어가 있음을 엿본다. 그의 열정은 주변이 난장이 되어 가고 있음에도 아랑곳없이 자리를 지키는 투혼을 보여준다. 카메라 가게였다가, 시계방이었다가 하는 등 자주 바뀌는 예지동의 일상은 노숙인처럼 누구의 도움도 받지 못한다. 그렇게 만들어진 금거북이들은 자본을 따라 사라지고 예지동은 재개발지역으로 지정되었다. 아직도 예지동에서 김 씨는 꿈틀대는 예술혼을 불태우면서 홀로 열광적인 축제를 벌이고 있는 것이다.

5. 안나의 방과 유리물고기

표제가 된 시 「안나의 방」은 안나의 슬픈 이야기가 등장한다. 안나는 화자보다 열 살이 많지만 개의치 않는다. 문제는 안나의 태도이다. 안나는 방에서 라디오를 틀어 놓아 그의 방에서는 노래가 흘러나오고, 이야기도 흘러나온다. 안나는 학교에 가지 않으니까 하루종일 심심하다. 안나는 집안에 틀어박혀 있는 존재다. 무엇을 하지도 않으며 할 수도 없다.

안나는 나보다 열 살이 많아요
나이가 많으면 뭐 어쩌겠어요

안나의 방에서 라디오가 노래를 해요
이야기가 새어 나와요 하루 종일
학교에 가지 않으니까 안나는
심심하니까 하루하루

토끼가 춤추고 염소는 노래해요
꿀을 먹이니까
안나를 좋아하니까

안나의 방을 기웃거려요
깊고 푸른 방에 새겨진
곱은 등자욱이 펴지지 않아요

-「안나의 방」 전문

안나가 걱정되는 화자는 안나에게 꿀을 먹이고 기웃거리지만 '깊고 푸른 방'에 새겨진 '곱은 등'은 좀처럼 펴지지 않는다는 암울한 정보를 알려준다. 안나가 하루

종일 집에서 라디오를 켜고 노래를 흘려보내는 이유가 밝혀진다. 안나의 마음을 살피는 일 외에는 할 수 있는 것이 없는 화자는 무기력한 안나보다 더 무기력하게 안나의 방을 기웃거린다.

빛을 지나온 돌은 모두 별이 된다
꿈꾸지 못하는 시간은 어항 속 물고기가 되고

나는 물고기
내 눈은 유리로 만들어졌어요
밤마다 창밖을 우러러봅니다

빛에 묻힌 돌은 모두 보석이 된다
빛의 흔적은 물로 지워지지 않아요

내 손을 잡아봐!
빛에 물든 몸이 뜨거워

창밖을 우러르고 물고기의 말을 배운다
표정을 닮아간다 밤에
나는 몇 마디로 하루를 살 수 있으니까요

어항에 물든 빛은 물고기가 된다

－「유리 물고기」 전문

「유리물고기」에서 화자는 희망을 노래하고 있다. 처

절하게 외롭고 쓸쓸한 화자의 의식에 정밀하게 등장하는 '빛을 지나온 돌'은 '모두 별이' 되고 있다. 어항 속의 물고기이지만 물고기의 눈은 유리로 만들어져 있으며 빛에 묻힌 돌이 보석이 되듯이 그것은 쉽게 지워지는 것이 아니다. 물로도 지워지지 않는 것이다.

물고기가 된 화자는 창밖을 우러르고 물고기의 말을 배우며 빛에 물들어 있는 뜨거운 몸이다. 어항에 물든 빛이 물고기가 되고 물고기의 눈동자는 빛난다. 그는 빛을 지나온 돌이므로, 곧 세상에서 가장 아름다운 돌이다. 돌은 밤마다 빛나는 별이기 때문이다.

김권 시인의 첫 시집을 대하면서 암울하면서도 쓸쓸하고 외로운 시혼을 만나게 되었다. 그의 투혼은 세공을 통해서, 시를 통해서 드러나고 있으며 어떠한 난관이나 난장도 아랑곳하지 않고 견디어내는 특성을 보여주고 있다. 그의 이러한 시정신은 앞으로도 영롱하게 빛날 것이며 전폭적으로 쏟아지는 에너지가 되어 열정으로 승화할 것이다. 다만 시인이 앞으로 더 밝은 세계에 속하여 있기를, 밝은 시혼으로 성장하기를 기대해 본다. 스스로 백합이 되어 아름답게 살아가는 하늘공방에서 날마다 열광적인 축제를 벌이는 앞으로 그의 행보가 궁금하다.